LOS SERES VIVOS

Marla Conn y Alma Patricia Ramirez

Glosario de fotografías

 **murciélago**

 **abeja**

 **gato**

2

caracol

árbol

ballena

3

Un **árbol** es un ser vivo.

Una **abeja** es un ser vivo.

abeja

Un **gato** es un ser vivo.

gato

Un **murciélago** es un ser vivo.

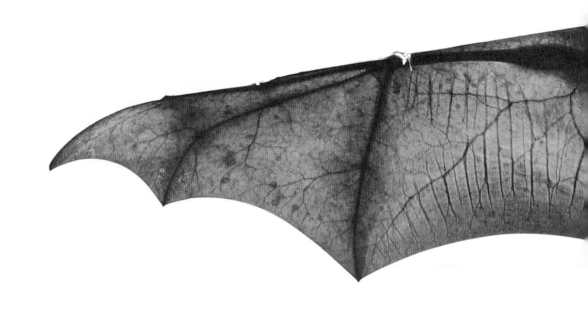

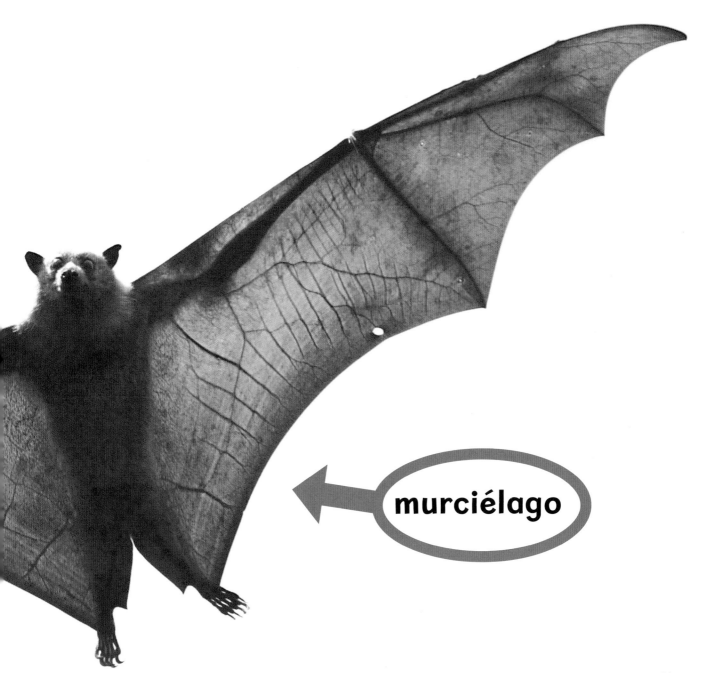

murciélago

Un **caracol** es un ser vivo.

caracol

Una **ballena** es un ser vivo.

Actividad

1. Menciona todos los seres vivos de la historia.

2. Crea una tabla con la idea principal y los detalles en una hoja de papel.

Seres vivos

3. ¿Qué tienen en común todos los seres vivos de la historia?

4. ¿En qué se diferencian los seres vivos?

5. ¿Cuáles son algunos de los seres vivos que están cerca de ti ahora?

6. Piensa en un ser vivo que rime con gato. Haz un dibujo y escribe una oración.